Mon Ascension du Kilimandjaro

Parcours de vie

Mentions légales

© 2023 Anne Sophie de Saint Ours
Édition : BoD - Books on Demand, info@bod.fr
Impression : BoD – Books on Demand,
In de Tarpen 42, Norderstedt (Allemagne)
Impression à la demande
ISBN : 978-2-3224-0653-1
Dépôt légal : Juillet 2023

Remerciements

J'ai démarré l'écriture de ce livre il y a quelques mois et je voudrais remercier les personnes suivantes qui ont permis de concrétiser ce projet :

- Mes enfants Ewen, Alix, Maël et Loan, qui ont été à mes côtés pour réaliser l'ascension du Kilimandjaro, et à qui j'ai pensé tous les jours lors du trek. Ils m'ont apportée la force et l'énergie quand cela était nécessaire ;
- Mon groupe, soudé, avec qui j'ai partagé cette aventure et vécu de beaux moments d'échanges et d'amitié ;
- Abie, qui m'a aidé dans la structuration et l'organisation de ce livre ; un immense merci pour les longues heures passées pour la relecture et vérifier la cohérence du livre ;
- Valérie qui m'a donné son point de vue de lectrice de livres d'alpinisme pour que je rajoute des éléments qui pourraient être utiles à ceux qui voudraient préparer ce trek ;
- Ma famille et mes amis qui suivent mes aventures en montagne depuis deux ans maintenant. Merci pour leur confiance, leur affection et de croire en moi.

Préface de Simon Deniel, guide de haute montagne

« S'élever pour vivre. Anne Sophie a choisi comme lien direct et privilégié vers la vie la beauté indicible des cimes.

Au cours de ce récit sur l'un des seven summits, le Kilimandjaro, elle continue son chemin d'alpiniste pour s'approcher toujours un peu plus d'une beauté et d'une pureté que Maël, son fils, lui a offert au cours de leurs vies.

Montagnes chemins de vie, de combats, d'échecs et de réussites. Parallèle incroyable à la longue bataille qu'une mère et son fils ont mené ensemble contre la maladie!

A travers ce récit, l'autrice nous livre dans l'intimité son ascension au Kilimandjaro, ses doutes, ses questionnements et ses joies. Parcours d'une femme forte, volontaire et déterminée ou s'entremêle au déroulé de l'action, la volonté de poursuivre le chemin de vie aux côtés de son fils. Le rendre fier pour que son passage sur terre perdure.

Gravir pour ne jamais oublier…

Nous avons eu la chance d'encorder nos chemins et d'unifier nos pas sur quelques sommets alpins. Qui côtoie Anne Sophie sait qu'elle nous transporte avec elle grâce à son énergie, sa volonté, sa gentillesse, sa force et sa détermination. Chemin accidenté d'une vie de mère forte et aimante ou elle seule sait jusqu'où ses pas l'emmèneront!

Simon Deniel, originaire de Rannée en Bretagne, est devenu guide de haute montagne à 26 ans. Enfant, il est bercé par la culture montagnarde de ses parents. Atteint d'une leucémie à l'âge de six ans, Simon participe à un stage au sein de l'association A Chacun Son Everest ! Cette expérience a renforcé son amour et son envie de vivre et pratiquer la montagne. Aujourd'hui, il parcourt le monde à l'assaut des plus belles montagnes et transmet son amour des sommets.

Pour Maël, mon étoile dans le ciel

Pour Ewen, Alix et Loan, mes trésors sur terre

Dédicace

De retour de Tanzanie après avoir réussi l'ascension du Kilimandjaro le 10 février 2023, je voudrais partager tout ce que j'ai vécu, pour donner envie peut-être à d'autres de partir à l'assaut d'un des Seven Summits… Aller sur le toit de l'Afrique, un rêve devenu réalité. Si heureuse. Allez, je vous emmène avec moi, quelques jours avant mon départ.

Cette idée du Kilimandjaro est née lorsque j'étais au sommet du Mont Blanc le 25 juin 2021. Je suis restée trente minutes seule, avec mon guide et mon compagnon de cordée. J'ai ressenti un sentiment de plénitude, de sérénité, de fierté. Et de là est née l'envie de continuer l'alpinisme, pour continuer à vivre des émotions fortes et ces sensations que je n'ai pas ressenties dans un autre sport que l'alpinisme. Le Mont Blanc serait le début de cette aventure et logiquement le sommet suivant était pour moi le Kilimandjaro, le toit de l'Afrique à 5 895 mètres.

Pourquoi ai-je choisi ce sommet ? Parmi les Seven Summits (les montagnes les plus élevées de chacun des sept continents), le Kilimandjaro est celui qui me semble le plus accessible géographiquement (9 heures de vol environ à l'aller). J'ai choisi de faire l'Ascension par la voie Lemosho qui est une belle route, pas trop technique, sur sept jours. Ce projet répond donc à mes critères de disponibilité, de budget et de découverte d'un nouvel environnement. J'ai entendu dire que l'ascension du Kilimandjaro est une "grosse randonnée avec le problème de l'altitude".

Peut-être, mais je crois qu'il faut préparer cette ascension comme les autres, au niveau du corps et de l'esprit. Savoir pourquoi et pour qui je fais cette ascension, dès le début de la préparation, va m'aider à réussir car la motivation et la détermination vont m'accompagner chaque jour et ne m'abandonneront jamais.

Je devais réaliser ce sommet en octobre 2022, mais j'ai dû reporter mon départ de quelques mois. En effet, j'avais rendez-vous le 16 août pour refaire mon passeport, mais ce jour-là, je l'ai passé avec mon petit garçon Maël perdant la bataille contre la leucémie contractée en juillet 2013 et dont Maël rechuta à trois reprises. Mon petit garçon est décédé le 17 août de cette année 2022 et j'ai reporté mon voyage en février 2023.

Je dédicace ce sommet à Maël, car il aurait été tellement fier de moi. Il m'avait déjà supportée pour l'ascension du Mont Blanc, et savait que je réalisais ce rêve, important pour moi et pour aider les associations. Nous avions le projet de gravir le Mont Blanc ensemble lorsqu'il aurait été en rémission de sa leucémie (prévue en 2025). Ce projet étant désormais impossible, j'ai décidé de dédier tous mes sommets à Maël, pour qu'il soit partout avec moi, parce que je ne pourrai plus partager avec lui ni regarder son sourire et l'éclat de joie dans ses yeux. Dans les moments de doute et de difficultés, je lui parle et lui demande de m'aider, de me donner la force de continuer, que ce soit dans ma vie personnelle, professionnelle mais aussi en montagne. De chevalier, Maël est devenu un petit guide, une étoile qui veille sur moi, comme une deuxième conscience qui m'aide à poser des choix et prendre des décisions.

J'ai réalisé l'ascension du Kilimandjaro car j'aime les défis sportifs, le dépassement de soi, le goût de l'effort et la fierté de l'accomplissement, savoir que c'est possible et que je l'ai fait. Maël partageait aussi ces valeurs et surtout dans ses quatre combats contre la leucémie, il s'est tellement battu pour vivre chaque jour intensément. Alors, c'est comme un hommage que je lui rends. Voir la beauté des paysages, intensément, comme il l'aurait vue. Et le faire vivre à travers moi.

CHAPITRE 1 - VENDREDI 3 FEVRIER 2023 - LE DEPART

Il est 10h45 et Marie vient me chercher avec mes sacs (celui qui a fait le Mont Blanc en juin 2021 et l'autre de 60 litres acheté à Décathlon et qui sera sur le dos d'un porteur).

Tout est prêt depuis deux jours. J'ai eu du mal à faire mon sac, j'ai attendu le dernier moment…Tout est rentré : le sac Décathlon pèse 11,2 kg et celui du Mont Blanc autour de 8kg (on est loin du 10% de mon poids….) J'ai mis l'essentiel dedans. Si mon sac Décathlon était perdu en soute, ce n'est pas grave car j'aurai tout avec moi.

Avant de quitter la maison de Frontonas, j'ai laissé une carte pour chacun de mes enfants Ewen, Alix et Loan, ils les trouveront ce soir. Et je me suis rendue au cimetière pour voir Maël et lui confier ce trek. Lui sait déjà comment cela va se dérouler: mes joies, mes peines, mes difficultés et si je vais atteindre le sommet. J'aime à croire qu'il m'attend là-haut, à 5 895 mètres d'altitude.

11h15 : Nous arrivons au terminal 1 à l'aéroport de Lyon Saint Exupéry, Marie me souhaite un bon vol et une belle expédition. Je la remercie et me dirige vers l'entrée. Je suis désormais dans "mon trek" et ma priorité est de trouver le Global Cash pour échanger mes euros contre des dollars (monnaie utilisée en Tanzanie pour régler ses achats, et notamment payer le visa).

C'est chose faite : 250 euros équivalent à 236 dollars et il vaut mieux tout dépenser car sinon pour le change dans l'autre sens, je vais y perdre. J'ai prévu de rapporter des souvenirs si je peux, pour les enfants, les neveux, mes filleuls, et mes amis proches. Je devrais récupérer de la place pour déposer les cadeaux, car je n'aurai plus de barres de céréales ni de fruits secs.

Je me rends ensuite vers le point d'enregistrement pour mon sac à dos spécial porteur. Je paye 90 euros pour le mettre en soute et le récupérerai à Kilimandjaro airport. A 14h20, je me dirige vers la porte d'embarquement et décolle à 15h pour Francfort. Je pars seule et retrouverai les trois autres personnes du groupe demain en Tanzanie. Il y a Stéphane (directeur achats comme moi), sa femme Anne-Laurence et leur fille Bérénice. Nous avons déjà réalisé quelques sorties ensemble, sans toujours réussir le sommet, mais on s'est bien fait plaisir. C'est aussi très important.

Hâte d'être demain.

Le vol pour Francfort se passe sans encombre puis j'attends quatre heures après avoir passé un nouveau contrôle sécurité. Cette fois, je vais embarquer dans un gros avion A330 (environ 270 personnes à l'intérieur !). Le vol part à l'heure, pas de turbulence mais j'ai du mal à dormir car ce n'est pas très confortable.

CHAPITRE 2 - SAMEDI 4 FEVRIER 2023 - ARRIVEE EN TANZANIE

L'avion A330 atterrit à Mombasa, où nous attendons une heure, puis il repart pour Kilimandjaro airport à 5h30 (heure française). Nous arrivons à 8h30, heure locale (il faut rajouter deux heures de plus par rapport à la France). Je descends de l'avion et me dirige à pied vers des tables installées pas loin de la piste, à l'intérieur de l'aéroport pour le contrôle du passeport.

Le lieu est bondé de personnes qui essayent de s'orienter : visa à acheter ou visa à présenter. C'est un afflux de personnes qui fait la queue, pour au moins trente minutes par personne. Je me demande si je vais réussir à acheter mon visa car le processus de transmission semble un peu cafouiller quand même.

Finalement, je m'arrive au guichet des visas et présente aussi mon document fièvre jaune. Puis mon passeport est transmis à une autre personne, qui appose le coup de tampon. Je fais comme les autres personnes, j'attends la remise de mon passeport et quand j'entends " Anne', je comprends que c'est de moi qu'il s'agit, je récupère mon précieux document, règle les cinquante dollars à une nouvelle personne et une quatrième me valide mon entrée en Tanzanie. Ah enfin. Toute cette procédure d'entrée en Tanzanie m'a pris une bonne heure…

J'aperçois Stéphane et Anne-Laurence qui font la queue à leur tour pour leur visa. Je leur donne les indications des quatre personnes affectées à cette mission. Ils ont beaucoup de chance car la queue est nettement moins impressionnante que lorsque j'y étais. En revanche, ils font face à un léger problème : ils n'ont pas de dollars pour acheter leur visa; Qu'à cela ne tienne, je les avance et on verra le remboursement ultérieurement. Et oui, on le fait tous ensemble ce trek !!

Nous sortons de l'aéroport et identifions le panneau portant l'inscription de nos noms de famille. C'est la société Zara Tours, relais de Kazaden en France, qui va prendre en charge l'organisation du trek Kilimandjaro. Une voiture de huit places est disponible mais nous sommes sept voyageurs avec valises et sacs à dos : comment faire tenir tout ce monde dans le véhicule ? Le chauffeur (de son prénom Godlove), va essayer de tout caser, en poussant, poussant fort pour que cela rentre. On ne bouge plus une oreille !

Le chauffeur conduit très lentement : il va mettre une heure et demie pour une distance de quarante-cinq kilomètres jusqu'à Moshi où se trouve notre hôtel. La vitesse est limitée à cinquante km / heure et Godlove souhaite tout nous montrer. Je découvre tout d'un coup une incroyable pauvreté et un changement de culture. Un choc pour moi qui ne suis jamais allée en Afrique (à part l'Algérie à Tamanrasset en 2008, mais c'était avec des cousins et très encadré).

Nous roulons sur la route principale et de chaque côté, à la perpendiculaire, des routes en terre rouge partent de chaque côté et s'évanouissent au loin. Qu'y a-t-il donc derrière ? Le long des routes, se dressent des maisons en pierre, des magasins faits de perches en bois et de tôles pour le toit, qui tiennent on ne sait pas comment sur le sol… Des femmes portent du bois sur la tête, d'autres vendent des oignons ou des bananes par terre, des chèvres et des vaches mangent quelques rares brins d'herbe, surveillées par de jeunes Maasai (une des 360 ethnies de Tanzanie).

C'est juste incroyable pour moi. Sur la durée du trajet, je me prends une claque sur la différence entre la vie que je mène, faite de confort et de richesse quelque part, par rapport à ce que je découvre du pays et des conditions matérielles difficiles des habitants.

Nous arrivons à l'hôtel Springland à 12h. L'endroit est magnifique et accueille toutes les personnes qui passent par l'organisme Zara Tours pour réaliser un trek ou un safari. Je récupère la clef de ma chambre (numéro 57), au premier étage. Nous attendons le correspondant local qui nous accueille et nous communique les horaires des repas. Le briefing est prévu à 13H30.

Mais avant cela, chacun s'installe dans sa chambre, j'ai hâte de déposer mes affaires. Dans la chambre, deux lits simples protégés par des tissus qui font office de moustiquaire. J'asperge les tissus et me badigeonne également de spray, car je ne souhaite pas être piquée par un moustique tigre et potentiellement attraper le paludisme. Je ne reste pas longtemps dans ma chambre car notre coordinatrice logistique, montagne Linda, et notre guide pour l'expédition Ahmed, nous attendent. Nous allons apprendre à connaître Ahmed mais sachez qu'il a grimpé le sommet du Kilimandjaro plus de 200 fois et il a tout juste trente ans ! Impressionnant.

Ahmed nous emmène dans une pièce de l'hôtel où nous pouvons louer du matériel pour le trek si besoin. On trouve de tout : duvet, chaussures, poncho, sac de pluie pour recouvrir nos gros sacs qui vont être portés par nos porteurs dédiés. Je n'ai besoin de rien, ayant tout apporté de France.

Nous retournons dans le jardinet Ahmed nous donne la liste de tout ce qu'il faut préparer pour dimanche 5 février :

- notre sac à dos de la journée avec trois litres d'eau, des affaires de pluie, une polaire. J'y ajoute mes batteries pour la Go-Pro, de la crème solaire, mon médicament Malarone anti-paludisme, le spray anti-moustiques, une doudoune, une casquette et mes lunettes de soleil catégorie 4 (pour glacier), des barres de céréales et mes bâtons.
- notre sac pour les porteurs avec nos affaires, dont le poids doit être inférieur à 15 kilogrammes.
- les affaires que je laisse dans un sac fermé et qui sera en sécurité dans une consigne de l'hôtel : je dépose mes clefs de maison, mon argent. Ce sac sera gardé dans la valise de Stéphane, qui se ferme par un cadenas.

Il est 13h30 et c'est l'heure du déjeuner, j'ai faim mais aussi mal à la tête. J'espère que c'est le contre coup du voyage et le manque de nourriture réel depuis 18 heures. J'ai sommeil et laisse Stéphane et Anne-Laurence terminer leur déjeuner. Je me brosse les dents à l'eau minérale (il faut rester prudent pour tout!) et m'endors jusqu'à 16h30 avec un doliprane et un réveil.

A 16h30, le réveil sonne. Dommage… Je me lève et prépare mon sac à dos pour demain. J'ai l'habitude de cet exercice, alors cela va plutôt vite. Puis à 17h, je retrouve mes amis dans le petit jardin. Nous buvons un verre à l'ombre, c'est très agréable car il fait chaud : la température est autour de 28/30 degrés ! Nous discutons du programme du lendemain, on espère que tout va bien se passer!

Le dîner servi à 19h30, nous nous dirigeons vers le restaurant extérieur : toutes les personnes partent dimanche soit pour le trek du Kilimandjaro, soit pour un safari. Nous rencontrons un couple de français, Anaïs et Ahmed, d'Oullins à côté de Lyon, qui vont faire l'ascension du Kilimandjaro par la voie Machame. On se retrouvera au niveau du mur de Barranco, là où toutes les routes se rejoignent pour les étapes finales de l'ascension.

Lors du briefing, Ahmed nous a demandé si nous avions des ingrédients détestés ou des allergies. J'ai évoqué le sujet de la banane que je n'aime pas. C'est ballot car c'est un de leurs ingrédients de base, et il en pousse partout ! Je vais m'adapter.

Après le dîner, chacun retourne à ses pénates ; je laisse un message aux enfants pour leur donner des nouvelles et les informer que le réseau va être limité. Il ne faudra pas s'inquiéter, je communiquerai dès que j'en aurai l'occasion.

Il est 22h, j'écris dans mon journal quand le courant est coupé ! Je me dis "tiens, tout le monde au lit !" Mais non, c'est une coupure de courant car tout le monde charge ses batteries et autres accessoires électroniques avant le grand départ. Cela doit souffler dehors car il y a beaucoup de bruit…

Mes impressions ce 4 février 2023:

- Inquiète pour le mal de tête, je ne le ressens plus après avoir dormi.
- Choquée par la pauvreté et le décalage de culture des Tanzaniens qui vivent et travaillent avec si peu de moyens ;
- Ravie de l'ambiance avec Stéphane, Anne-Laurence et leur fille Bérénice (qui nous a rejoints pour le dîner).
- Le très bon accueil de Linda et Ahmed. Nous avons été pris en photo, celle-ci sera sur notre diplôme uniquement si nous arrivons à Stella Point (diplôme vert) ou Uhuru Peak (diplôme gold).
- Excitée et heureuse de démarrer un nouveau projet, un nouveau challenge sportif. Vais-je réussir ? Je vais donner le maximum pour moi, pour Maël bien sûr. C'est une aventure humaine, sportive et mentale. Encore me dépasser, voir si je suis capable, rendre vivant ce rêve africain, vibrer avec toutes les émotions, m'émerveiller des paysages…

J-1 avant le grand départ. Il est 22h10 quand j'éteins. Demain je me lève à 6h30 pour démarrer l'ascension du Kilimandjaro !

En bordure de route, la vie continue.

Le trajet de la voie Lemosho

CHAPITRE 3 - DIMANCHE 5 FEVRIER 2023 - VERS L'AVENTURE…

Le réveil sonne à 6h30, je prends une douche bien chaude, ce sera la dernière avant une semaine ; le filet d'eau est minuscule et je m'arme de patience : Polé, polé ! Je boucle mon sac à dos avec mes trois litres d'eau purifiés. Tout est chargé !

Je retrouve le groupe à 7h pour le petit déjeuner : du thé du Kilimandjaro ("étiquette marketing"), une gaufre, du pain de mie doré et deux œufs durs. Je ne prends pas de fruits frais, car on ne sait pas comment ils ont été nettoyés et je ne souhaite pas attraper de maladie. Chacun d'entre nous se dirige vers la cour de l'hôtel pour rassembler les sacs. On achète la tente toilette pour 100 dollars et on pèse nos sacs qui seront portés par les porteurs. Le mien pèse 14,2 kg, en dessous des 15 kg qui est la limite maximum en termes de poids. Ouf !

La camionnette qui va nous transporter est chargée de tous les sacs déposés et fixés sur le toit et nous partons pour trois heures de route vers le départ de la "Lemosho Gate". Au bout d'une heure et demie de route, le chauffeur s'arrête sur un parking pour trente minutes de pause. Sur le chemin, quand nous repartons, nous voyons un troupeau de girafes (impressionnant !!), des antilopes, des troupeaux de vaches et de chèvres. Nous allons ensuite bifurquer sur la droite et emprunter la Lemosho Gate sur 14 kilomètres. C'est une piste et cela secoue un peu. La végétation change et devient luxuriante avec des arbres et des nuances de vert qui pourraient trouver leur place sur la palette d'un peintre.

A 12h, nous arrivons au point de départ de la Lemosho Gate. Il y a déjà au moins dix camions et c'est noir de monde, entre les alpinistes et les porteurs. On retrouve la personne qui va rejoindre notre groupe, un homme de 47 ans, Martins, de nationalité suédoise. Nous allons donc parler anglais pendant tout le trek avec lui : cool ! Nous pique niquons dans un espace couvert puis nous nous tartinons de crème solaire et de produit anti-moustique. J'ai réglé ma gopro et mis ma casquette. Encore une heure d'attente, et enfin nous partons.

13h45 : GO !! C'est le départ, sous la conduite de notre guide Ahmed (30 ans), avec Living (28 ans, parlant français), et Mike (peut-être 45 ans, parlant anglais). L'altitude de départ est de 2100 mètres; nous faisons une photo au point de départ où se dresse un panneau avec la liste de tous les camps jusqu'au sommet, les distances et le temps prévisionnel pour atteindre chacun des camps. Avec du recul, tout cela s'avère réaliste.

Nous marchons avec une alternance de montées et de descentes dans la forêt. Nous avons la chance de voir deux singes, et continuons notre marche en direction de Mkubwa camp à 2650 mètres d'altitude. Je me fais doubler par les porteurs en permanence, ils avancent beaucoup plus rapidement que nous, portant jusqu'à 20 kg sur leurs épaules. Et pourtant je n'ai pas l'impression de traîner. Durant l'ascension, nous faisons quelques pauses et je bois ; sur la durée du trajet, j'aurai bu 2,5 litres. Je prends tout de suite les bonnes habitudes d'hydratation car cela est fondamental pour l'acclimatation et aider à avancer aussi.

La végétation est magnifique. Je ne me rappelle pas avoir admiré le même paysage en France. Après avoir marché 5 kilomètres et 550 mètres de dénivelé positif, nous nous dirigeons vers le panneau d'arrivée et faisons notre photo. Et de un ! Il est 17h. Nous cherchons ensuite l'emplacement où nous allons dormir : on dirait une mini ville faite de tentes !

Nous sommes 170 personnes ce soir ; avec trois porteurs par personne, nous arrivons donc à un total supérieur à 500 personnes au camp ! Attention aux fils de tente qui trainent partout ! Nous nous dirigeons vers le point d'enregistrement : une maisonnette avec un guichet en bois; Nous indiquons les éléments suivants : nom, prénom, âge, nationalité, nom de guide, numéro du jour du trek et nous signons. Nous attendons ensuite nos tentes qui ne sont pas encore installées.

Notre guide, Ahmed, présente ses excuses et explique que le départ a été compliqué avec beaucoup de monde. La logistique devrait être revue les prochains jours. Tout arrive, les porteurs plantent les tentes en quelques minutes et déposent nos sacs. Nous installons nos matelas et duvets, préparons la lampe frontale, le Camel back pour remplissage.

Le cuisinier, Babou, fait bouillir de l'eau pour notre douche. Alors non, il n'y a pas de douche dans les camps, mais Frédéric, le serveur, dépose près de notre tente deux bassines remplies d'eau avec un petit savon pour chacun des occupants. C'est cela notre douche : une toilette de chat avec nos lingettes apportées de France. Je fais cela rapidement car il ne fait quand même pas bien chaud et ma toilette sera encore plus rapide à 4600 mètres d'altitude, mais chut, je n'y suis pas encore !

J'ai demandé à voir Babou dans sa tente, il cuisine par terre, et il est en train de faire chauffer l'eau pour la soupe cette fois. Le couvercle est un morceau de papier d'aluminium: c'est astucieux car cela doit avoir les mêmes propriétés et c'est très léger ! Les autres cuisiniers préparent le dîner, certains auront du poisson, d'autres de la polenta. Il est 18h, le groupe se repose puis va prendre le goûter constitué de popcorn salé et de thé / café. Il est servi dans une tente bleue montée par les porteurs, avec une table pliante et des chaises en aluminium.

Après le goûter, j'ai envie de voir jusqu'où s'étend le campement : c'est immense, je ne m'en rendais pas compte ! On est vraiment les uns sur les autres, attention à ne pas se tromper de tente ce soir en allant se coucher. Le soleil se couche, je vais aller l'admirer car l'éclairage est vraiment joli avec des couleurs jaune orangées, qui se fondent dans le vert foncé des feuilles des arbres.

Le dîner est servi : une bonne soupe de laitue (qui permet de boire encore un demi-litre d'eau !) et un plat à base de pommes de terre et légumes au curry et lait de coco. Délicieux ! En revanche, ni fromage ni dessert ; cela ne doit pas être dans les traditions montagnardes.

Il est 20h. Ahmed rentre dans notre tente cuisine pour le briefing. Demain, le réveil est fixé à 5h30 avec un petit déjeuner servi à 6h et un départ à 6h30. Cela me semble ambitieux car je ne suis pas sûre que les autres membres du groupe aient l'habitude de se préparer en aussi peu de temps, mais on verra. Il y a cinq heures de marche du camp de base jusqu'à Shira Camp 1 (1000 mètres de dénivelé, le camp se situe à 3600 mètres d'altitude) où nous déjeunerons. Il faudra avoir bu les trois litres d'eau à l'arrivée au camp de Shira 1 et nous aurons un nouveau plein d'eau. C'est essentiel pour une bonne acclimatation sur la durée du trek. L'eau ne sera pas bouillie car Babou n'aura pas le temps de s'en occuper, il faudra donc bien mettre les pastilles Micropur pour purifier l'eau et la boire au bout de 30 minutes après leur insertion dans le Camel bag (une pour un litre d'eau). Puis nous quitterons Shira Camp 1 pour monter un peu plus haut, à Shira Camp 2 : trois heures de marche pour 250 mètres de dénivelé.

Ce sera une longue journée, aussi ne devons-nous pas tarder à nous coucher, les choses sérieuses continuent demain… A la fin du briefing, Ahmed prend notre taux d'oxygène avec un petit appareil qui teste la saturation et le rythme cardiaque, on le pose au bout du doigt et on attend le résultat. Mon taux d'oxygène est de 88% mais ma montre indique 94% (ouf!). Ahmed renseigne sur une feuille les maux susceptibles de se manifester : mal de tête, nausées, diarrhée, prise de médicaments, appétit. Ce soir, tout le monde va bien.

21h : je m'installe pour ma nuit et me couche ; on entendra encore discuter les différentes tentes, jusqu'à ce que le camp s'endorme. Chacun est bien excité, ce qui peut se comprendre.

De mon côté, je suis heureuse d'être là et de vivre pleinement l'aventure. Je ne voudrais être nulle part ailleurs que dans cette tente, où le sol est dur. J'ai démarré l'ascension du Kilimandjaro et je suis en train de réaliser un nouveau rêve… c'est juste génial!!

Les porteurs se répartissent le matériel pour l'ascension : tentes, jerrican, nourriture, tables et chaises.

L'interminable queue pour l'eau. Un robinet pour le campement.

CHAPITRE 4 - LUNDI 6 FEVRIER 2023 - EN ROUTE POUR SHIRA CAMP 2

Je n'ai pas très bien dormi cette nuit, non pas à cause de l'excitation, mais parce que j'avais trop chaud ! J'ai dormi par intermittence, avec des réveils à 2h, 3h, et 5h15 ! Je n'attends pas 5h30 et me lève : je commence à me préparer et à ranger mon sac; Ce soir, je mettrai mon matelas gonflable, acheté chez Décathlon, mais dont je ne me suis pas servie, pensant que le fin matelas donné par les porteurs serait suffisant. Grosse erreur : J'ai mal au dos car le sol est super dur, mais ce mal au dos va passer rapidement.

Vers 6h, nous prenons un bon petit déjeuner pour bien démarrer la journée, constitué de saucisses, d'omelette, de pancakes et de thé. Je ne mange pas de mangue car on ne sait pas de quelle façon celle-ci a été préparée. Je goûte une cuillère de porridge avec du miel, c'est spécial et je n'aime pas du tout ! Après le brossage des dents, nous quittons le campement vers 7h20.

Nous marchons durant une heure dans la forêt, la végétation est identique à celle d'hier, il ne fait pas froid et c'est vraiment très agréable de marcher dans ce cadre. Cela grimpe doucement et il n'y a aucune difficulté pour le moment; Toutes les heures, Ahmed s'arrête pour dix minutes de pause (boisson ou toilettes), cela permet de monter de façon graduée et de continuer le processus d'acclimatation.

Stéphane a mal au dos, aussi Living lui porte son sac à dos, en plus de son propre sac. Quant à Anne-Laurence, c'est au pied qu'elle ressent des douleurs, à cause de ses chaussures de marche. Le reste du groupe est en forme. Nous marchons jusqu'à 11h15 avec des pauses toutes les heures, j'ai retiré mon pantalon pour passer en mode short car il fait vraiment chaud (peut être une vingtaine de degrés).

Le vent souffle légèrement et nous rafraîchit, cela fait du bien. Le chemin grimpe doucement et j'aperçois une colonne de porteurs et de personnes au loin, derrière les buissons. La route est longue, mais à raison de 200 mètres de dénivelé positif par heure, le rythme n'est pas trop lent. Je bois toute mon eau (trois litres dont deux litres du Camel bag et un litre réparti dans un thermos et une bouteille). Cela aide considérablement à l'acclimatation. Après une pause de quinze minutes, nous reprenons notre marche jusqu'à Shira Camp 1 (3600 mètres d'altitude) et croisons des porteurs qui nous saluent : "Mambo, Jambo, Polé, Hakuna Matata".

La dernière heure est facile car le chemin est presque tout plat. Les porteurs dressent uniquement notre tente du déjeuner et la tente des toilettes puisque nous dormons à Shira Camp 2. Je viens d'effectuer un dénivelé positif de 1000 mètres en trois heures et demie, mais lorsque l'on ajoute les pauses, cela fait une marche de cinq heures. Après le déjeuner, il nous restera encore dix kilomètres de marche et deux cent mètres de dénivelé. Cela ne grimpe pas énormément mais le chemin est long…

Il y a beaucoup de monde à Shira Camp 1, mais comme il y a davantage d'espace, on a moins l'impression d'être les uns sur les autres. J'envoie quelques messages, mais ils seront reçus par leurs destinataires lorsque j'aurai du réseau, ce qui n'est pas le cas : je suis coupée du monde occidental, de ma famille et mes amis.

Il est 13h, je suis en pleine forme, prête à continuer ce trek que j'attends depuis un an. De là où je suis assise, j'observe le Kilimandjaro, dans les nuages. Il ressemble au Puy de Dôme, par sa forme arrondie, avec de la neige au-dessus du sommet. Il ne semble pas si haut, mais les apparences sont trompeuses, je le sais bien. Je suis appelée pour le déjeuner dans notre tente : la traditionnelle soupe pour démarrer le repas…

Une heure plus tard, vers 14h30, nous quittons Shira Camp 1 et reprenons notre longue marche. Les paysages sont magnifiques, avec des arbres le long du chemin, qui ressemblent à des grosses têtes de brocolis vert clair. J'aperçois au loin Shira Camp 2, mais il faut encore marcher durant une heure. Le temps est superbe, c'est une belle journée et je profite de chaque instant, pour ne rien oublier, vivre pleinement le moment présent.

Nous arrivons au camp vers 17H, nos tentes sont montées et nous pouvons installer nos affaires. Je mets mon matelas, car les tentes sont posées sur de la terre avec des cailloux et non sur de l'herbe comme le sont d'autres tentes qui ont été montées plus tôt par les porteurs des autres groupes. On discute avec Ahmed et Living car nous trouvons que l'organisation laisse un peu à désirer : les porteurs doivent être au camp avant nous pour que tout soit prêt à notre arrivée. Ce soir, nous n'avons pas eu de soupe car le cuisinier Babou, n'a pas eu le temps de préparer comme il le souhaitait notre dîner. Nos deux guides comprennent bien notre demande et vont veiller à ce que l'organisation soit meilleure demain.

Ahmed prend mon taux d'oxygène : 91% et mon rythme cardiaque est de 91 battements par minute, c'est plutôt bien. Pour rappel, nous dormons à 3900 mètres d'altitude ce soir.

Demain, mardi, nous nous levons vers 6h avec un départ prévu à 7h30 pour aller à Lava Tower (4630 mètres d'altitude) où nous resterons environ deux heures pour déjeuner et nous acclimater. Et nous descendrons de l'autre côté en direction de Barranco Camp pour dîner et dormir.

<u>Mon ressenti pour cette journée du 6 février 2023 :</u>

Super journée et des belles couleurs sur le visage !! Un excellent rythme de marche et une bonne ambiance. Aucune fatigue et aucun mal des montagnes, tous les indicateurs sont au vert !

Arrivée à Shira Camp 2, à 3 850 mètres. Heureuse !

CHAPITRE 5 - MARDI 7 FEVRIER 2023 - ACCLIMATATION A LAVA TOWER

Je me lève à 6h, sans réveil, les réflexes reviennent !! Alix (ma fille âgée de douze ans) a bien reçu mon texto et m'a répondu : top ! Je range mes affaires dans mon gros sac et m'habille. J'ai dormi avec mon collant de montagne, des grosses chaussettes et un haut manches longues, pour ne pas avoir froid durant la nuit car les températures descendent en dessous de zéro ! J'ai testé une chaufferette qui a diffusé la chaleur toute la nuit ! Le petit déjeuner est servi à 6h45 avec des beignets indiens aux légumes, des petites saucisses, des morceaux triangulaires d'omelette et des tranches de pain de mie.

Nous quittons le camp Shira Camp 2 vers 7h45 pour marcher vers Lava Tower. Nous faisons deux pauses, à 9h et 10h ; nous avons déjà parcouru deux kilomètres et effectué un dénivelé positif de 350 mètres. Il fait chaud ! On repart tranquillement, c'est encore loin, même si j'ai l'impression que Lava Tower est proche. C'est trompeur et il y a encore au moins deux heures de marche jusqu'à notre objectif. Cette tour constituée de lave est notre point de repère pour toute la matinée, à l'ouest du sommet.

Je me rends compte que nous prenons de l'altitude car je ralentis mon rythme de marche ; je sais que c'est le bon choix pour ne pas avoir mal à la tête.

J'aperçois les tentes au loin… Nous arrivons à Lava Tower vers 12h et on prend notre photo traditionnelle. Les porteurs vont chercher de l'eau très loin, à peut-être 500 mètres aller-retour de notre point de chute, ils portent les seaux sur la tête sans rien renverser, l'habitude depuis tout petit !

Notre tente est dressée et nous mangeons presqu'aussitôt car tout est servi : une soupe aux concombres, suivie de crêpes garnies au poulet et aux légumes (poivrons et oignons). C'est délicieux et cela nous réchauffe. Tant mieux, car le vent s'est levé et il ne faudrait pas se refroidir. Nous refaisons le plein d'eau comme à chaque fois, et ajoutons les pastilles Micropur pour traiter l'eau de source. Dans les autres tentes, à côté de nous, on entend les personnes parler et rire. Cela me fait penser à une vraie petite ville, je ressens que les personnes sont contentes d'être là et de partager cette aventure. Je prends mon taux d'oxygène: 95%, c'est cool car au Mont Blanc (à 4810 mètres), il était descendu à 75%. Pour le moment mon acclimatation se déroule dans d'excellentes conditions…

13h20, on ne va pas tarder à repartir. Chacun a un petit coup de fatigue, mais il nous faut redescendre. Nous avons trois heures de marche et un dénivelé de 700 mètres. Nous partons dans la brume et l'humidité tombe vite, j'ai enfilé ma goretex pour couper le vent et préserver la chaleur de mon corps. Au bout de quelques minutes, nous ne voyons plus rien, enveloppés par la brume… Cela me plonge dix-huit mois en arrière, en juin 2021, quand j'arrivais au refuge de Tête Rousse, dans la brume et la grêle, gelée…. Mais là, heureusement, il ne pleut pas encore.

On dépasse de gros blocs de rochers et il faut faire attention, puis c'est la descente, interminable, jusqu'à Barranco Camp à 3900 mètres d'altitude. Nous faisons une pause à 14h30 : de cet endroit, nous pouvons voir le mur de Barranco et le sentier sinueux que nous emprunterons demain. Nous repartons pour une heure de marche : l'arrivée au camp est très jolie car nous sommes entourés d'arbres, comme dans une allée. Nous accélérons la fin de la marche car les gouttes de pluie se mettent à tomber, les quinze dernières minutes se feront sous la pluie.

Nous arrivons enfin à Barranco Camp et prenons rapidement notre photo d'étape, il est 15h30, je vais pouvoir me reposer avant le dîner car je suis un peu fatiguée et j'ai besoin de récupérer. Nos tentes sont montées, nous installons nos affaires de manière réflexe, puis je me couche pour deux heures de sieste. Bérénice lit quelques pages et fait de même peu de temps après. A 18h, nous nous levons à regret, pour le goûter. Je n'ai pas très faim et prends un doliprane 1000. Une heure après, le dîner est servi : soupe de poireaux et pâtes aux légumes.

Mon mal de tête est passé, je retourne ensuite dans ma tente et discute avec Bérénice : nous parlons chacune de nos métiers respectifs, elle est médecin, je suis directrice achats. C'est intéressant de partager. Puis je lui apprends le jeu de cartes du 4 : une immense pensée pour Maël qui me l'avait apprise en 2020 à l'IHOP. A 21h30, nous éteignons nos lampes frontales. Demain, le réveil est fixé à 6h30, pour une journée avec cinq heures de marche et sept kilomètres et le mur de Barranco à franchir (1h30 de montée et 300 mètres de dénivelé positif). Il fera froid demain…

Lawa Tower

Mur de Barranco, dont on voit le chemin, plus clair, sur la droite.

CHAPITRE 6 - MERCREDI 8 FEVRIER 2023 - A L'ASSAUT DU MUR DE BARRANCO !

Je me réveille à 3h15 et 5h15 à cause des départs bruyants d'autres groupes ! Puis me lève à 6h30 et avale mon petit déjeuner bourratif avec des beignets au surimi ? Le groupe a été incapable de définir le goût ! Mais on est tous tombé d'accord pour dire que c'était copieux en prévision de la journée et du mur….

Ah le mur, tout le monde en parle, mais la vidéo que j'ai vue sur internet ne m'a pas effrayée, cela semble nettement moins difficile que l'ascension du couloir du Goûter en partant de Tête Rousse (et les 600 mètres de dénivelé positif dans les rochers, encordés, en crampons et en tenant les câbles de vie durant les deux heures éreintantes !)

Nous quittons le Barranco Camp à 8h20 et démarrons notre périple qui va durer deux heures jusqu'au sommet. Il faut s'aider des mains de temps en temps, mais de mon point de vue, aucune difficulté, il faut juste bien faire attention et se hisser parfois en prenant appui sur les rochers. Arrivés au sommet du mur (4200 mètres d'altitude), nous prenons quelques photos, notamment avec Anaïs et Ahmed, les lyonnais qui ont suivi la voie Machame, mais la brume s'est levée à nouveau.

Nous repartons à 10h20 pour deux heures de marche. La fin du trajet pour aller à Karanga Camp va se corser car le crachin qui nous accompagnait depuis quelque temps, se transforme en pluie abondante pendant une vingtaine de minutes. Il faut continuer à grimper et les rochers sont glissants. On double des Pakistanais qui sont bien embêtés et leurs porteurs veulent porter leurs sacs pour les aider.

Enfin, nous arrivons à Karanga Camp, (3995 mètres d'altitude) à 12h30 mais nos tentes ne sont pas installées ! Aussi, nous nous abritons sous l'auvent des toilettes publiques durant cinq minutes. Nous nous serrons tous les quatre pour essayer de garder la chaleur, car il continue de pleuvoir et nous sommes en train de nous refroidir !

Ahmed nous fait signe : les tentes sont montées. Nous enlevons le pantalon et la Goretex, trempés, que nous essayons de faire sécher sur un fil dans la tente. Puis nous attendons dans nos tentes que le déjeuner soit prêt. Nous avons droit à de la pastèque, des frites et du poulet : c'est super bon ! Il ne restera rien car nous avons tous très faim… Le soleil a montré le bout de son nez : nous faisons sécher nos affaires à l'extérieur de la tente et je recharge mon power bank (vraiment pas très efficace). Le vent se lève à nouveau, aussi je reste dans ma tente, au chaud. Le goûter est prévu pour 16h30 (pop-corn salé et thé) et le dîner à 19h.

C'est la dernière nuit avant l'ascension finale. Je suis contente de mon trek pour le moment, il se déroule exactement comme je l'avais imaginé. Je profite de chaque jour, sans penser à celui d'après et je crée mes souvenirs. Ce n'est que le jour 4 de l'ascension, mais c'est comme si cela faisait plus longtemps tellement les paysages sont variés ! Nos guides nous ont dit que les grimpeurs les plus nombreux pour réaliser l'ascension du Kilimandjaro sont les Français puis les Anglais. Et c'est vrai, car nous entendons parler français régulièrement le long du chemin.

Je suis très heureuse de vivre cette aventure, le dernier jour sera le plus dur je pense et le plus riche en émotions. J'ai emporté une bougie que je déposerai au sommet, une photo de Maël dans le Vercors et une photo des enfants et moi.

Je réalise cette ascension pour moi, pour repousser mes limites car j'aime les défis, la montagne que j'apprends à découvrir beaucoup plus depuis trois ans maintenant. J'aime vivre le temps présent, faire face à des difficultés et les surmonter, être coupée du monde à plus de 7000 kilomètres de Lyon et prendre du temps pour moi. Je ne pense pas à l'après Kilimandjaro, ni même à ce qui se passe en ce moment avec mes enfants. Je sais qu'ils sont heureux avec leur oncle et c'est le plus important !

Il est 16h, il pleut de nouveau, on rentre nos affaires en urgence dans la tente et je reprends l'écriture, Bérénice sa lecture. C'est bien d'être au chaud, dans mon duvet, alors qu'il pleut dehors. Un plaisir simple, cela suffit à notre confort. Bon, il est vrai que j'aimerais bien avoir du réseau de temps en temps, mais ce sera pour plus tard.

Je ne suis pas pressée d'être jeudi 9 février bien que ce soit le grand jour, car cela sera synonyme de la fin du trek et je n'en ai pas envie. Je m'habitue à ce rythme, à marcher, m'arrêter, contempler, discuter, rire, dormir. Et cela recommence le lendemain.

Il y a beaucoup de monde dans les camps et sur le chemin, mais j'ai néanmoins l'impression de faire du silence dans ma vie, de laisser derrière moi les problèmes (séparation avec le père des enfants, suite à son adultère depuis six ans et ses violences & dépenses à répétition), même s'ils seront présents à mon retour en France. Peut-être que je les aborderai différemment car j'aurai été changée par le voyage, fière si j'ai réussie, humble par rapport aux porteurs qui n'ont aucun équipement (comparativement à moi !).

Certains montent en short avec un collant en dessous et des baskets sans lacets. Je les respecte pour ce qu'ils font et si tout n'est pas toujours prêt à temps, ce n'est pas grave. Il est 16h30, c'est l'heure du goûter. Je dois sortir de la tente, mais il pleut toujours très fort !! Allez, je me motive.

Un peu de popcorn, et nous discutons sous la tente repas. Je retourne me reposer une heure, et à 19h, avec une heure de retard, Frédéric apporte de l'eau chaude pour notre douche. Nous enchaînons ensuite avec le dîner constitué de soupe, riz et haricots verts croustillants & petits morceaux de viande. En dessert, des mini bananes, mais je laisse ma part aux autres convives.

Ahmed nous rejoint avec Living pour relever notre taux d'oxygène et connaître notre état général. Sur son appareil, mon taux d'oxygène est à 84% et mon cœur bat à 95 pulsations par minute. Tout va bien, ni mal de tête, ni nausée, pas de vomissement ou diarrhée, pas de prise de médicaments et un très bon appétit.

Ahmed nous explique le programme pour le lendemain : nous serons réveillés à 6h30 et devrons emporter les mêmes affaires que celles de ce jour, avec un départ prévu à 8h. Nous montons à Barafu Camp à 4600 mètres d'altitude avec une arrivée estimée autour de 12h et le repos est fortement conseillé avant un diner léger à 17h (oui, oui c'est bien ça!) pour pouvoir dormir jusqu'à 23h. Les guides discuteront entre eux pour décider du bon horaire par rapport à notre rythme de marche qu'ils ont pu évaluer ces derniers jours.

J'ai fait la connaissance d'une française de quarante ans, Lucie R. qui est partie seule, réaliser l'ascension du Kilimandjaro et un safari. Elle communique avec sa famille de la façon suivante, et je compte bien me servir de ses bons conseils pour mon prochain trek :

- Téléchargement de l'application Polar Step : préparation du trek en amont avec les étapes et elle publie tous les jours des photos avec un texte, ce qui

- permet à ses lecteurs d'avoir des nouvelles et des images tous les jours. Il est même possible de transformer son journal de bord en album photo !
- Achat d'une puce de téléphone du pays pour pouvoir communiquer avec sa famille (et ne pas acheter le pass Evasion de mon opérateur comme je l'ai fait, puisque je n'ai pas de réseau ! Quoique j'aie pu envoyer des textos à Alix et à mon père ce soir, mais c'est très rare!)

Merci Lucie pour le partage de ces astuces, qu'elle a elle-même reçues d'amis voyageurs. La dernière astuce de Lucie, est de remplir le Camel Back le soir avec de l'eau chaude du thermos pour s'en servir comme bouillotte durant la nuit. C'est génial, j'ai fait le test, cela réchauffe bien le duvet. Et le matin j'insère mes deux pastilles Micropur pour pouvoir boire l'eau devenue froide. On ne jette rien ici !

21h30, j'éteins. Demain, c'est le grand jour !

Notre objectif, si proche et si loin à la fois…

CHAPITRE 7 - JEUDI 9 FEVRIER 2023 - DERNIERE JOURNEE AVANT L'ASCENSION

Je me lève à 6h15, dehors le ciel est beau avec une magnifique mer de nuages. J'aimerais seulement qu'ils ne montent pas plus haut afin d'avoir une belle vue à 4600 mètres et au-dessus. Stéphane décide de sortir la table à l'extérieur de la tente pour prendre le petit déjeuner en profitant du soleil. C'est agréable, même s'il fait un peu froid. On range nos sacs, prêts à partir.

Je suis "au pied" du Kilimandjaro, que c'est beau !

Nous quittons Karanga Camp à 8h30 en direction de Barafu Camp à 4630 mètres d'altitude, notre dernier campement avant le sommet. Il fait de nouveau très chaud et nous allons prendre quelques couleurs. Nous faisons notre première pause de vingt minutes au bout d'une heure de marche pour boire de l'eau et nous requinquer, puis nous repartons. Au total, nous parcourons trois kilomètres pour 2h15 de marche effective et atteignons le camp à 11h30.

J'ai une envie soudaine de vomir pendant quelques secondes, réaction de mon corps que je ne m'explique pas. Il faut que j'aille me reposer un peu. Je dors jusqu'à 13h puis nous déjeunons de pommes de terre et de légumes. De nouveau, je me repose de 14h30 à 17h : j'ai plutôt l'impression de somnoler que de dormir mais en tout cas mon corps récupère de l'altitude et des efforts accomplis depuis dimanche 5 février.

L'envie de vomir a disparu après le déjeuner et cela me rassure : non mais oh, ce n'est pas le moment de flancher si près du but alors que tout s'est déroulé à la perfection ! Je retrouve le groupe pour le dîner anticipé vers 17h45 : soupe de citrouille et pâtes aux petits légumes.

Puis Ahmed vient prendre notre taux d'oxygène et notre rythme cardiaque pour la dernière fois : 84% pour le taux d'oxygène et mon cœur bat à 100 pulsations par minute. Tout le monde est en forme et impatient de partir.

Ahmed nous indique ce que nous devons emporter dans notre sac à dos et les vêtements à porter. Il est prévu un réveil à 23h, un peu de thé avant de partir autour de minuit. Il y a six heures de marche jusqu'à Stella Point (5700 mètres d'altitude) puis encore quarante-cinq minutes à une heure de marche jusqu'à Uhuru Peak à 5895 mètres d'altitude.

On fera autant de pauses que nécessaire. Les trois guides Ahmed, Living et Mike nous accompagnent ainsi que Frédéric qui porte un sac à dos contenant une bouteille d'oxygène et un thermos de thé sucré. On devrait rester dix minutes au sommet à une température approchant les -5 ou -10 degrés puis la descente pour retourner à Barafu Camp devrait se faire en trois heures.

On dormira une heure, ensuite on déjeunera avant de repartir pour trois heures de marche jusqu'à notre camp de base pour la nuit, qui se situe à 3100 mètres d'altitude. Ahmed nous a expliqué tout le programme mais va-t-il se dérouler de cette façon ? Je n'y pense pas et rentre dans ma tente, il est 19h30 et je me couche dans mon duvet. A tout à l'heure. Ahmed nous a dit de ne pas être découragés par le froid quand nous allons nous réveiller, cela peut nous surprendre. Il a confiance en nous.

Bientôt proche du but…. Je suis excitée, impatiente, mais je sais que ce sera long, qu'il va faire froid. J'ai l'appréhension que mon eau gèle car mon embout et mon tuyau ne sont pas isothermes…. et je sais qu'il faut boire régulièrement pour réussir également. Tant pis, je verrai bien…. je m'endors sur ces pensées.

22h55, je me réveille toute seule et m'habille chaudement : un collant et mon pantalon de montagne, mes chaussettes grand froid qui doivent résister à des températures de - 30 degrés, un tee shirt manches courtes, deux hauts en laine mérinos manches longues, une polaire verte molletonnée, et une doudoune Millet bien chaude. Dans mon sac à dos, j'ai emporté ma Goretex et mon Camel bag avec deux litres d'eau, et toujours mes batteries pour la Gopro. 23h30, j'avale une tasse de thé bien chaude et me prépare pour le départ, mon bonnet sur la tête et ma frontale allumée.

CHAPITRE 8 - VENDREDI 10 FEVRIER 2023 - L'ASCENSION DU KILIMANDJARO.

Nous partons finalement à 00H15 de Barafu Camp. Plusieurs groupes sont déjà partis et j'aperçois les lumières des lampes frontales dans la nuit. La lune éclaire mes pas. Dans nos sacs à dos, nous avons ajouté un petit pack préparé par Frédéric : il contient une bouteille de coca de 33 cL, une pomme que je n'emporte pas, et un petit paquet de biscuits sucrés. Nous commençons à marcher et cela grimpe directement, c'est de la caillasse mélangée à du sable et de la terre. Il y a 1200 mètres de dénivelé positif jusqu'au sommet.

Ahmed part sur un bon rythme et je demande à le ralentir un peu étant donné le dénivelé à parcourir. Deux groupes se forment : le premier avec Stéphane, Anne-Laurence et Martins, le deuxième avec Bérénice et moi. Living et Frédéric nous accompagnent toutes les deux, et notre serveur porte dans son sac la bouteille d'oxygène et du thé sucré. Tout se passe bien pour moi, moins bien pour Stéphane qui est en hypothermie et vide sa bouteille de coca-cola !, pour Martins qui a le mal des montagnes et vomit ! Il prend du Diamox et je lui donne ma bouteille de coca-cola pour qu'il reprenne du sucre rapidement. Bérénice aura des symptômes du mal des montagnes vers 5500 mètres d'altitude et prendra elle aussi un Diamox.

Je n'ai pas de difficultés pour monter, mais j'ai sommeil et un peu froid. Living me tape sur l'épaule et me dit de ne pas m'endormir. Je continue de marcher mais au bout de 4h30 de marche, il prend mon sac sur son dos, qui ne contient que de l'eau qui a gelé ! Je n'ai bu que 600 mL d'eau au lieu de mes sept litres quotidiens et je sens que je n'ai pas mon carburant habituel pour avancer… Plus loin, Living portera aussi le sac de Bérénice.

Nous arrivons enfin à Stella Point, il doit être 6h. Nous sommes à 5700 mètres d'altitude, j'ai des larmes d'émotion, mais elles m'empêchent de respirer… Nous ne prenons pas de photos, et continuons notre marche car le sommet est encore à quarante-cinq minutes, et il fait très froid…

Sur le petit sentier de terre noire que nous empruntons, je vois un peu de neige sur les bords, mais cela n'empêche pas du tout d'avancer. Le soleil se lève enfin et nous réchauffe. Je me retourne et vois ce magnifique lever de soleil avec la mer de nuages. Nous prenons des photos pour immortaliser ce moment et nous serrons dans les bras l'une de l'autre avec Bérénice, c'est tellement incroyable de vivre cela à 5800 mètres d'altitude… Encore vingt minutes de marche et nous arrivons au sommet, il est 6h50. Beaucoup de monde attend pour une photo.

Nous rejoignons les parents de Bérénice qui sont arrivés dix minutes avant nous et nous prenons une photo de nous quatre (Martins est absent car il vomit..) et des photos individuelles. J'ai sorti la photo des quatre enfants pour immortaliser cet instant et j'allume également ma bougie pour Maël. J'ai une immense pensée pour mon fiston qui était à mes côtés quand c'était difficile. Emotion intense …

Il est 7h00, nous redescendons vers Stella Point car il ne faut pas rester plus de quinze minutes à cause du froid (peut-être -15° au sommet) et nous ne sommes pas acclimatés puisque nous avons tout monté d'une traite. De plus, le ciel est brumeux et on ne voit rien !

A Stella Point, Frédéric nous sert une tasse de thé bien chaude, que c'est agréable ! Puis à 7h15, nous redescendons jusqu'à Barafu Camp par une autre voie, en deux heures. La descente est rapide car nous nous laissons déraper dans le sable et arrivons donc à 9h15 au camp. Des porteurs nous félicitent et nous tapent dans la main. Un de nos porteurs nous offre du jus de mangue, cela fait du bien. Je m'assieds sur un rocher et déguste ce verre bien mérité, je profite des rayons du soleil et contemple le camp… Je suis allée au sommet du Kilimandjaro…. Je suis allée au sommet d'Uhuru Peak. J'ai réussi mon challenge sportif…

Fière de moi, heureuse, ne réalisant pas tout à fait l'exploit, mais quand même sentant que ce n'est pas n'importe quoi et que cet objectif était ambitieux et donc je suis très contente d'avoir réussi. Je vais ensuite me reposer une heure dans ma tente avant de grignoter un repas léger et repartir. Les parents de Bérénice sont nauséeux et ont le mal des montagnes après coup : ils avalent un cocktail de quatre médicaments avec Doliprane et Diamox et se reposent. Aucun symptôme pour moi. Génial !

A 13h, nous nous remettons en route pour trois heures de marche jusqu'à Mweke Camp à 3100 mètres d'altitude, dans la forêt. La route est insupportable avec des cailloux sur le chemin qui n'en est pas un, mais plutôt un genre d'escalier tracé dans le chemin avec des marches en pierre de différentes hauteurs ! Il fait de nouveau très chaud aussi la route n'est pas très agréable et nous avons tous hâte d'arriver. C'est chose faite, enfin, à 16h : le camp se situe dans la forêt, et on ressent l'ombre ainsi que l'humidité permanente. Je suis fatiguée car sur les seize heures de la journée, j'en ai passé quatorze à marcher. Nos tentes sont montées et nous apprécions notre bassine d'eau chaude pour nous décrasser de toute la terre et la poussière que nous avons sur nous depuis le départ vers le sommet du Kilimandjaro.

Ahmed et Living passent nous voir dans la tente où le goûter a été servi et discutent avec nous. Ils nous apprennent que cette nuit beaucoup de grimpeurs ont abandonné en route ou se sont arrêtés à Stella Point. Ce qui rend encore plus beau mon Exploit, notre Exploit à tous les cinq !

Le programme de demain est le suivant : réveil vers 6h, petit déjeuner à 6h30 et à 7h, on aura enfin le plaisir de regarder la danse de nos porteurs, danse que nous attendons depuis le début ! Ensuite, nous partirons pour trois heures de marche jusqu'au point qui indique la fin du trek. Et de là, quarante-cinq minutes de voiture pour rentrer à l'hôtel Springland, remettre nos pourboires à Ahmed pour les porteurs et recevoir notre diplôme officiel du parc national du Kilimandjaro.

Avant le dîner, le dernier sous tente, nous avons quartier libre et chacun vaque à ses occupations (peu variées, les mêmes depuis une semaine en fait !). Je n'ai pu informer personne de mon arrivée au sommet du Kilimandjaro, car je n'ai plus de batterie sur mon téléphone ni réseau. Tant pis, cela attendra mon retour à la civilisation…

6h45 : Arrivée au Sommet du Kilimandjaro, après 7 heures de marche.

Mes 4 enfants, sur la photo, sont présents…

CHAPITRE 9 - SAMEDI 11 FEVRIER - FIN DU TREK.

Le réveil sonne à 6h comme prévu, et je range mes affaires pour la dernière fois. Étrange comme sensation, de me dire que c'est fini… Plusieurs mois de préparation, une semaine de trek et je dois refaire mon sac à dos. Nous prenons notre petit déjeuner et remarquons que les porteurs se rassemblent pour la chanson de célébration du Kilimandjaro.

Nous les applaudissons et les remercions de nous avoir accompagnés ces sept jours. Puis nous mettons nos sacs sur le dos, et repartons d'un bon pas en direction du lieu d'arrivée où les cars nous attendront. En chemin, nous avons la chance de voir une famille de dix singes noirs et blancs (Black and white Colombus) qui sautent de branche en branche. Est ce qu'ils nous disent "au revoir" ?

A l'arrivée au point de rassemblement, nous nous dirigeons vers un bâtiment pour nous enregistrer sur un cahier : je note l'heure d'arrivée à Uhuru Peak et signe le registre. Je laisse également un mot sur le livre d'or des voyageurs. Nous attendons dans une pièce, le temps que le personnel du Parc National saisisse les informations et imprime notre diplôme qui est remis à notre guide. Après avoir bu "la" bière du Kilimandjaro, nous prenons le car pour rejoindre l'hôtel.

Je récupère la clef de ma chambre, côté route cette fois, et installe mes affaires. Je vais encore attendre un peu pour la douche car nous avons rendez-vous dans le petit jardin pour remettre nos enveloppes avec les pourboires (250 euros) et récupérer notre diplôme. Ahmed nous félicite, et nous immortalisons ce moment par une photo. Trop fière !! Etant donné l'heure, nous allons déjeuner et c'est seulement après que je peux prendre une douche bien chaude, cela fait un bien fou…

A 15h30, je pars en ville avec Bérénice, Ahmed et Anaïs (le jeune couple de Lyon) pour acheter quelques souvenirs. Ce qui est pénible en ville, c'est que l'on se fait arrêter en permanence par les locaux, qui veulent nous emmener dans leur boutique pour dépenser. Il faut tout négocier en permanence et diviser le prix par 3 ! Ainsi, le bracelet que j'ai acheté était vendu au prix de 15 000 schillings (1 dollar équivaut à 2300 schillings), et je l'ai finalement obtenu à 5 000 schillings. Le commerçant me suivait dans la rue pour négocier, c'est juste hallucinant et désagréable en fait.

De retour à l'hôtel, petite pause à la piscine où je retrouve le reste du groupe français, puis je me repose avant le dîner servi à 19h30 où nous réservons une table pour dix !! Je fais le check out avant de monter me coucher, pour gagner du temps demain, prépare mon sac à dos pour aller chez les Maasai, comme cela je ne toucherai pas à mon gros sac de voyage.

Il est 21h30 et j'éteins.

CHAPITRE 10 - DIMANCHE 12 & LUNDI 13 FEVRIER - OSILIGILAI ET LES MAASAI

Je n'ai pas très bien dormi car j'ai entendu le bruit des voitures toute la nuit, comme si j'étais à côté d'une autoroute ! Insupportable. Je me lève à 6h et prends le petit déjeuner vers 6h30 avec le reste du groupe qui repart. Certains continuent leur périple avec un safari, d'autres vont décoller pour Zanzibar. On se dit :" à bientôt" et pas "'adieu". Il me reste encore une heure avant de quitter l'hôtel, aussi j'en profite pour écrire un peu. Je m'occupe également de l'annulation de mon vol initial retour sur Lyon et j'espère que tout ira bien avec un remboursement par la compagnie aérienne. J'ai hâte de rencontrer les Maasai, je vais rester vingt-quatre heures sur place puis je prendrai un vol pour Paris Charles de Gaulle et un TGV pour Lyon.

A 9h30, je pars en bus avec un groupe de cinq Belges (Vincent, Alex, Laurent, Antoine et Barbara). Le trajet dure deux heures avant l'arrivée à Osiligilai après être passée d'une route "standard" en Tanzanie à une route de terre jusqu'à un chemin dans un champ qui n'est pas vraiment tracé.

A notre arrivée, un groupe d'une dizaine de Maasai (hommes et femmes) nous accueille en chantant, en tenue traditionnelle : tunique rouge ou bleue pour les hommes, robes de couleur pour les femmes ; et tous portent des bijoux aux chevilles, aux poignets et autour du cou.

Le chef nous offre un verre de sirop d'hibiscus (pour remplacer le sang qui était bu lorsqu'un Maasai arrivait dans un village), et chacun de nous se dirige vers sa hutte ronde en terre séchée et toit de paille. L'intérieur est magnifique, toute décorée de lianes en perles de couleur bleue, orange, rouge, jaune, accrochées au plafond de la hutte; il y a un lit double, une douche et des toilettes, le grand confort (pour les touristes…). Je pose mes affaires et me dirige vers la piscine, un peu sur les hauteurs avec une vue magnifique sur la lande et au fond se dresse fièrement le Kilimandjaro dans la brume !

Le déjeuner est servi à 13h30 : salade de crudités, pomme de terre et poulet grillé ainsi qu'une assiette avec des morceaux de pastèque et mangue pour le dessert. Le groupe des Belges joue aux cartes (au Whist) puis nous faisons une partie d'Ascenseur (appelé également le Rikiki !) avant d'aller ensuite au bord de la piscine et je vais me reposer un peu avant le début des activités.

A 16h, nous retrouvons un Maasai qui va nous raconter l'histoire de son peuple. Les Maasai ont longtemps vécu en Egypte avant de migrer vers le Soudan, puis en Ethiopie et enfin au Kenya et en Tanzanie où ils se sont fixés. Dans les deux pays, ils ont trouvé de l'espace pour leurs chèvres et leurs vaches puisqu'ils sont éleveurs et guerriers semi-nomades.

En ce qui concerne l'éducation des enfants, les jeunes jusqu'à neuf ans restent à la maison avec leur maman, puis quand ils sont âgés de neuf à dix-huit ans, ils gardent les troupeaux toute la journée. Puis démarre le rituel de la cérémonie pour devenir Maasai, au cours de la quelle il est circoncis au couteau et devient Morane. Il ne doit rien montrer de sa souffrance, et se pose en victime au milieu du village. Il reçoit des coups de couteaux des autres Maasai et doit rester debout sans vaciller durant douze heures. Il ne doit ensuite pas se couper les cheveux durant cinq ans.

Le Maasai porte une tunique de couleur rouge - symbole du combat- ou bleue - symbole de la paix et de l'amour. La responsabilité du Maasai est de protéger son village, il est solidaire avec les autres Maasai. La femme doit savoir tenir la maison, la construire et la réparer, faire la cuisine et s'occuper des enfants. La petite fille observe et apprend tout ce que fait sa maman. En effet, plus tard, elle sera mariée de force à un guerrier Maasaï choisi par son père : en échange de la main de sa fille, il recevra entre sept et dix vaches. Son nouveau mari lui imposera le nombre d'enfants et la femme devra s'exécuter.

Le peuple Maasaï est un peuple très fier de ses traditions, qui conserve son histoire, mais quel sera leur futur ?

Notre guide nous emmène voir une hutte Maasai d'une famille très pauvre, les enfants âgés de huit ou neuf ans nous saluent en nous touchant la main et s'inclinent devant le guerrier Maasaï en signe de respect tandis que lui impose sa main sur leur tête en signe de protection.

Après avoir quitté cette hutte, misérable, nous retournons vers notre "village" et en chemin, le guide nous montre des plantes et arbustes qui sont utilisés par les Maasaï pour se soigner de façon naturelle (exemple de l'Aloe Vera, utilisée également pour fabriquer de la bière artisanale : plante fermentée durant deux semaines mélangée avec de l'eau et du miel).

Nous nous rendons ensuite au point de rendez-vous pour notre cours de lancer de lance, en cas d'attaque de lions. D'abord les Maasai nous font une démonstration de leur maîtrise technique, puis c'est notre tour avec des lances beaucoup plus légères et surtout nous visons de bien plus près. Bon, ce n'est pas au point du tout !! Deux échecs en ce qui me concerne pour le lancer, c'est lourd et pas maniable, il me manque clairement un peu de pratique.

Une fois l'activité terminée, nous grimpons au sommet d'une petite colline et regardons les Maasai danser durant trente minutes et chanter des chants traditionnels. Comme le soleil se couche en même temps, j'en profite pour immortaliser ce moment et les couleurs magnifiques… Il est 18h30 quand nous retournons au lodge pour un excellent dîner. Je me couche vers 22h30, fatiguée mais heureuse de cette rencontre.

J'ai des difficultés à m'endormir puis le sommeil finit par venir au bout d'une heure. Je me lève à 5h30 pour prendre le petit déjeuner avec le groupe des Belges. Leur voiture doit venir les récupérer une heure plus tard, mais ce ne sera pas le cas du tout !! L'attente va durer deux heures, au bord de la piscine car l'endroit est agréable. Je me retrouve donc seule à partir de 9h45 et rentre dans ma hutte pour terminer de ranger mes affaires. La vue sur le Kilimandjaro est dégagée avec un peu de vent qui fait se déplacer les nuages. J'ai eu le coordinateur au téléphone qui me confirme que mon chauffeur viendra bien me récupérer pour 14h et m'emmener à l'aéroport.

L'endroit d'Osiligilai est vraiment isolé car il faut bien quarante minutes de voiture pour y arriver, après avoir quitté le petit sentier. Et pourtant les Maasai sont heureux ici, il y a l'air d'avoir une grande complicité entre les guerriers Maasai. Cela se voyait hier car ils se taquinaient un peu lors de leur danse.

Je me demande comment on peut être heureux avec aussi peu de biens matériels. En revanche, ils ont tous des smartphones ! Mais pas de livres etc. Je ne suis pas certaine qu'ils quittent leur village puisque ce sont les femmes qui font tout. Ils sortent uniquement lorsqu'ils se rendent dans un autre village voir un guerrier Maasaï, mais c'est tout.

Il faut imaginer que le changement dans leur quotidien est la visite des touristes comme moi, qui les occupe un peu, mais sinon toutes les journées se ressemblent, ils restent au même endroit, à ne pas faire grand-chose. Juste Polé en permanence. C'est quand même particulier. Je sais que je ne pourrais pas vivre cette vie, mais eux ne pourraient peut-être pas vivre la mienne non plus car le décalage est trop important : le rythme de vie, les traditions, le rapport à l'argent et le niveau social.

Dans leurs traditions, l'éducation, la nourriture, le partage des tâches, le fonctionnement est resté très à l'ancienne…

Vers 11h, je descends voir les femmes Maasaï pour proposer mon aide : elles nettoient les chambres et acceptent que je vienne avec elles. Je vois l'endroit où elles dorment. Elles m'expliquent que leur village est à quatre kilomètres du Lodge et qu'elles font l'aller-retour matin et soir pour retrouver leur famille et leurs enfants.

Grace (la jeune Maasai en bleue) est âgée de 21 ans et a un petit garçon. Pauline (la jeune Maasai en rouge) est âgée de 25 ans et a deux enfants. Elles me posent des questions sur moi, mes enfants et je leur montre des photos. Je leur donne deux jeux de cartes et leur apprends le jeu du 4, en référence à Maël dont je leur ai parlé. J'écris la règle du jeu sur un papier en anglais si elles veulent continuer à jouer, nous passons un bon moment et les rires français et Maasai se mêlent, c'est incroyable de vivre cela… et cela me touche. Malgré nos différences, nous sommes quelque part en union et solidaires. Pas de barrière, juste des femmes qui jouent ensemble et peu importe notre histoire.

Je reçois des photos du groupe de Français qui sont partis en Safari : éléphants, léopards, girafes. C'est magnifique ! Ce sera pour une autre fois, n'ayant pu poser autant de jours de congés que souhaité et puis ce trek a un coût également. Alors j'ai choisi l'expérience Maasai.

Ce voyage à l'étranger et dans de bonnes conditions, m'a donné envie de repartir mais avec les enfants cette fois pour qu'ils visitent d'autres pays, voient d'autres paysages et d'autres cultures, en échangeant avec les locaux. Je pense notamment à l'Egypte avec ses pyramides, mais aussi à la Grèce que j'ai toujours eu envie de visiter

(Athènes, Olympe…) Il faudra que j'en parle avec Loan, Alix et Ewen et que je recueille leurs impressions.

14h, le taxi vient me chercher pour l'aéroport ; nous discutons sur le trajet puis c'est le moment de prendre congé. De nouveau, contrôle des billets, puis embarquement vers 17h. Direction l'Ethiopie où je vais patienter cinq heures pour reprendre un vol en direction de Paris Charles de Gaulle et enfin un TGV pour Lyon : un voyage bien fatigant. Et un retour en France le 14 février…

Cela me semble si loin, j'ai l'impression d'être partie bien plus longtemps tellement ce que j'ai vécu a été intense!

Intérieur d'une habitation Maasaï, aménagée pour les touristes

Vue sur le Kilimandjaro.

CHAPITRE 11 - ET APRES LE KILIMANDJARO, VERS QUEL AUTRE DEFI ?

Vous allez me demander quel est mon autre projet après le Kilimandjaro. Un ami m'a écrit que ma carrière d'alpiniste ne faisait que commencer, il n'a probablement pas tort. Car grimper des sommets et vivre intensément cette aventure, donne l'envie de retrouver ces sensations dans un autre trek.

Beaucoup me demandent en plaisantant (?) si j'ai l'intention de gravir le Mont Everest. La réponse est actuellement non pour plusieurs raisons : le ticket d'entrée financier est bien trop élevé (50 000 €), donc ce n'est pas possible. Il faut ensuite s'absenter plusieurs mois pour pouvoir s'acclimater aux différents camps de base et avoir la meilleure météo possible pour tenter l'ascension, ce qui est donc impossible également. Et puis la dernière raison est qu'il y a tellement de souffrance physique, que je ne suis pas certaine de vouloir vivre cela, c'est loin de ma vision d'une ascension alliant le défi sportif, la beauté des paysages, la joie d'arriver au sommet mais surtout la gestion du risque (avec de nombreux morts dans ce sommet); Cela n'en vaut pas la peine.

Aussi, mon prochain objectif est le sommet de l'Aconcagua, en Amérique du Sud, qui fait partie effectivement des Seven Summits dans le monde. Il culmine à 6962 mètres d'altitude. Le trek est prévu en décembre 2023 sur une durée de trois semaines et un budget de 5000 euros, hors billet d'avion, ce qui reste raisonnable. Le guide avec qui je voudrais partir est Simon, âgé de 37 ans : il a eu une leucémie alors qu'il était âgé de cinq ans, et il a vécu comme Maël une semaine avec l'association A Chacun Son Everest. Simon était présent le 24 août 2022 pour les obsèques de Maël… Signe de son amitié… Alors, ce serait un beau projet que nous réaliserions ensemble, et avec Maël à nos côtés. A suivre donc ce nouveau défi.

Côté entraînement, je continue en pointillé avec quelques sorties en montagne sur le printemps 2023, mais je le reprendrai de façon beaucoup plus intensive à compter de juin 2023.

Si je devais résumer mon ascension du Kilimandjaro en quelques mots, j'écrirais : Une aventure humaine avec la rencontre des Tanzaniens, un succès sportif avec la fierté d'avoir atteint le sommet à 5895 mètres, des larmes de joie, de la reconnaissance pour les porteurs qui nous ont accompagnés. La sensation d'avoir vécu quelque chose d'unique, qui m'a aussi fait grandir et donné l'envie d'aller plus loin et plus haut…

Les sensations ressenties sont indescriptibles : la beauté des paysages, la gestion de mon corps et de mon état d'esprit qui fait que je monte sans problème de plus en plus haut, la capacité à vivre avec peu de choses et à m'en contenter, la certitude de savoir que je vais réussir parce que je suis là pour cet objectif et qu'il a une force qui me fait avancer…

Tout ceci, je veux le revivre.

CHAPITRE 12 - L'HISTOIRE DU KILIMANDJARO & SA GEOGRAPHIE

Ce chapitre vous présente le Kilimandjaro, pour vous éviter quelques recherches sur internet. Mes sources sont Wikipédia (https://fr.wikipedia.org/wiki/Kilimandjaro), et Universalis. L'objectif est de transmettre un vernis sur ce sommet de l'Afrique, et ce ne sera donc pas exhaustif.

Le Kilimandjaro est un volcan de Tanzanie, en Afrique de l'Est, né il y a 2,5 millions d'années.

Ce volcan, aujourd'hui éteint, est couvert de glaciers, dont la surface a diminué d'environ 80 % depuis le début du 2Oè siècle. Il est constitué de 3 imposants stratovolcans, dont la réunion forme un massif elliptique de 70 kilomètres sur 50 kilomètres à la base :

- Le Shira à l'ouest, culminant à 3 962 mètres d'altitude,
- Le Mawenzi à l'est, s'élevant à 5 149 mètres d'altitude,
- Le Kibo, le plus récent géologiquement, situé entre les deux autres et dont le pic Uhuru à 5 895 mètres d'altitude constitue le point culminant de l'Afrique. Le terme Uhuru, d'origine swahili signifie "liberté". Le volcan central est le plus spectaculaire, avec sa caldeira, cratère volcanique de contour circulaire ou elliptique, qui mesure près de 2,4 kilomètres de largeur sur 3,6 kilomètres de longueur, avec la présence de plus de 250 cônes éruptifs.

Le Kilimandjaro est connu pour sa calotte glaciaire sommitale en phase de retrait accéléré depuis le début du XXe siècle et qui devrait disparaître totalement d'ici 2030 à 2050. La baisse des précipitations neigeuses qui en est responsable est souvent attribuée au réchauffement climatique mais la déforestation est également un facteur majeur. Ainsi, malgré la création du parc national en 1973 et alors même qu'elle joue un rôle essentiel dans la régulation bioclimatique du cycle de l'eau, la ceinture forestière continue à se resserrer.

Le Kilimandjaro se situe non loin de la frontière avec le Kenya qui passe au pied des versants nord et est de la montagne. Il couvre une superficie de 388 500 hectares. Le mont Méru se trouve à 75 kilomètres au sud-ouest et le mont Kenya, deuxième sommet d'Afrique par l'altitude, à 300 kilomètres au nord. La ville la plus proche, Moshi, située en Tanzanie au sud de la montagne, constitue le principal point de départ de son ascension.

Après la surprise engendrée dans le milieu scientifique avec sa découverte pour les Européens par Johannes Rebmann en 1848, le Kilimandjaro a éveillé l'intérêt des explorateurs comme Hans Meyer et Ludwig Purtscheller qui parviennent au sommet en 1889 accompagnés de leur guide Yohanas Kinyala Lauwo.

Le nom utilisé pour désigner la montagne dans son ensemble est orthographié «Kilimandjaro » en français et Kilimanjaro en anglais. Elle est aussi appelée Ol Doinyo Oibor en maa, soit « Montagne blanche » ou « Montagne étincelante ». Son nom a été adopté en 1860 et viendrait du swahili "Kilima Njaro".

CHAPITRE 13 - COMMENT ME SUIS-JE PREPAREE AU KILIMANDJARO ?

Je voudrais vous partager un peu plus en détail ma préparation technique, physique et mentale pour l'ascension du Kilimandjaro.

Avec quel organisme partir- Le budget et la période ?

J'ai décidé de partir avec l'organisme Kazaden, que j'avais choisi pour réaliser l'ascension du Mont Blanc en juin 2021 et du Grand Paradis en aout 2021. En effet, il propose un large choix de randonnées en France et à l'étranger, et un panel de dates qui me convenait au niveau de mon emploi du temps professionnel. En effet, la meilleure période pour gravir le Kilimandjaro se situe entre octobre et février. La météo est clémente, (la période des pluies se situe de mi-mars à début juin), ce qui permet de mettre toutes les chances de son côté pour réussir l'ascension du Kilimandjaro.

Il y a plusieurs voies pour gravir le Kilimandjaro dont parmi les plus connues :

- **la voie Marangu** (dite "Coca Cola") : c'est la plus ancienne et la mieux équipée en termes d'infrastructure avec notamment des nuits en hutte. Elle se fait en cinq à six jours, ce qui peut rendre l'acclimatation plus difficile et les paysages sont beaucoup moins jolis que sur les autres voies.
- **la voie Machame** : elle se fait en sept jours avec un budget d'environ 2000 € TTC (hors équipement et transport) et permet une bonne acclimatation. Le taux de succès est élevé mais la route est très fréquentée.
- **la voie Lemosho** : elle se fait en sept jours avec un itinéraire magnifique, entre nature, forêt et pierres. Elle rejoint la voie Machame au bout du quatrième jour. Cette route est moins fréquentée que les autres, mais plus onéreuse car le trek démarre sur l'ouest de la montagne (les frais de transport sont donc à rajouter).

J'ai choisi la voie Lemosho pour la variété des paysages et le nombre de jours permettant une acclimatation dans de bonnes conditions.

En termes de budget, j'ai eu les frais suivants pour un total de 3700 € TTC.

- Réservation du trek : 1970 € TTC dont 870 € pour l'accès au parc national du Kilimandjaro
- Réservation du vol au départ de Lyon six mois avant avec l'assurance annulation (3% du prix du vol) : environ 900 € TTC
- Réservation des 24H chez les Maasaï : 230 € TTC

- Equipement et matériel de montagne pour compléter mon sac, médicaments, quelques vêtements supplémentaires dont une veste et des chaussettes supportant des températures inférieures à dix degrés : environ 600 € TTC.

Mon équipement de montagne

Vous trouverez ci-dessous la liste de tout ce que j'ai emporté, après un passage par quelques sites internet où des alpinistes faisaient part de leur retour d'expérience.

1 / Documents administratifs et moyens de paiement			
Article	Fonction	Quantité	Check
Passeport	Obligatoire		
Certificat international de vaccination	A montrer à la douane		
Billets d'avion	Obligatoire		
Carte de crédit	Obligatoire		
Argent liquide	Achat du visa (50$), pourboires	350 $	

	& souvenirs		
Pochette banane	Pour mettre les documents et moyens de paiement	1	

2/ Vêtements

Article	Fonction	Quantité	Check
Chaussettes de randonnée	Prévention des ampoules	4 paires	
Chaussettes de laine	Pour l'isolation des pieds, la nuit	1 paire	
Sous-vêtements	Classique	Votre choix	
Collants chauds	En laine mérinos, pour l'ascension	1	
Tee shirt manches courtes	Recommandé pour le début de la randonnée (pas en coton)	4	
Tee shirt manches longues	Recommandé au-dessus de 4000m	3	
Polaire		2	
Doudoune /	A mettre sous le coupe-vent	2	

Softshell			
Short	Prendre un pantalon short	1	
Pantalon de trek	Déperlant et respirant	1	
Coupe vent / Goretex	Obligatoire, toujours dans son sac	1	
Gants fins	En polaire ou cuir	1 paire	
Gants épais	Résistant à -15° (moufles)	1 paire	
Chaufferettes	Pour mettre dans les gants, T : 45°	12	
Bonnet	Utile au-dessus de 4000 mètres	1	
Tour de cou	Peut remplacer une écharpe	1	
Tennis / Baskets	Pour le début du trek	1 paire	
Chaussures de montagne	Doit monter au niveau de la cheville, et avoir déjà été portées	1 paire	
Sac compartiments	Pour ranger ses vêtements par thème (tee-shirt, médicaments.)	4	
3/ Matériel de trekking			

Article	Fonction	Quantité	Check
Sac à dos 60 Litres	Pour le stockage des bagages durant le trek. Poids inférieur à 15kg	1	
Sac à dos 30 Litres	A porter tous les jours	1	
Protection de pluie pour sac à dos	Pour couvrir le sac de jour, et protéger contre la pluie et la poussière	1	
Sac de couchage	De type sarcophage, température inférieure à -10° degrés	1	
Sac à viande (en soie)	A utiliser comme partie intérieure du sac de couchage	1	
Matelas pneumatique	autogonflant, indispensable car le matelas du trek est trop fin !	1	
Bâtons de randonnée	Utiles pour l'ascension	Une paire	
Lampe frontale	Pour l'ascension au sommet et dans les camps la nuit	1	
Power bank	Pour recharger les accessoires, léger, (tester avant le départ)	1	

Chargeur de téléphone		1	
Lunettes de soleil	Catégorie 4	Une paire	
Poche à eau	Capacité de 2 litres minimum	1	
Caméra Gopro	Si besoin (+ cartes SD)	1	
Batteries	Pour recharger la Gopro, la lampe frontale, etc.		
Couteau Opinel	A placer dans son sac à dos en soute (pour le vol) puis dans son sac de jour	1	
Cadenas	Pour sécuriser votre sac porté par les porteurs	2	
Bouteille thermos	Pour des boissons chaudes,	1	
4 / Trousse de toilette			
Brosse à dent		1	
Dentifrice		1	
Lingettes bébé	Pour la toilette quotidienne	Une boite	
Crème solaire	Indice 50	1	

Crème après soleil	Hydratation de la peau	1	
Baume pour les lèvres		1	
Déodorant		1	
Shampoing sec	Si nécessaire	1	
Rasoir	Si nécessaire		
Mouchoirs en papier		2 ou 3	
Papier toilette	A garder dans son sac à dos, contre l'humidité	1 rouleau	
Gel désinfectant		1	
Petite serviette de toilette	En microfibre	1	
Trousse de toilette	Petit format	1	
5/ Médicaments et trousse à pharmacie			
Médicaments	A valider avec votre médecin		
Pansements	Contre les ampoules (Compeed)	1 boîte	

Trousse de premiers secours	Équipements de base : compresses, bandages, paire de ciseaux, sparadrap, désinfectant, pince à épiler	1	
Comprimés antidouleur	Antibiotiques à large spectre		
Antiallergiques	Si besoin		
Spray anti moustiques	Pour la peau et pour les vêtements	1 de chaque	
Comprimés contre la malaria	ex : Malarone (suivre l'ordonnance du médecin)		
Comprimés pour purifier l'eau	ex : Micropur	1 boîte de 100	
Thermomètre médical	A bande (trouvé en pharmacie)	1	
Pastilles pour la gorge	Si besoin	1 boîte	
6/ Snacks et barres énergétiques			
Barres énergétiques	Une à deux par jour, varier les parfums pour ne pas être écœuré		

Gâteaux secs	Nutritifs pour avoir de l'énergie		
Fruits séchés	Mangues, raisins, dattes		

Ma préparation pour réussir

<u>Préparation physique</u>

Chacun d'entre nous se prépare à sa façon pour réaliser l'ascension d'un sommet, seul(e) ou avec un coach avec ou sans documentation (vidéo, livre, etc..) et en fonction de son emploi de temps.

En janvier 2021, j'ai décidé de réaliser l'ascension du Mont Blanc qui avait lieu cinq mois plus tard, et je me suis entrainée durant tout ce temps en alternant des séances de course à pied et des séances de renforcement musculaire. Je faisais du sport six jours sur sept, de préférence le matin avant d'aller travailler, avec une journée de récupération. Étant en période de Covid, je ne pouvais pas aller en montagne autant que possible ; j'ai donc pu faire une à deux sorties par mois en Chartreuse, trois mois avant le départ pour Chamonix.

L'objectif était de faire à minima 1200 mètres de dénivelé positif (à raison de 450 / 500 mètres par heure) en portant mon sac de 5 kilogrammes. Cette préparation physique s'est révélée efficace. J'ai ensuite gardé un entraînement de course à pied allégé, à raison de deux à trois fois par semaine et des sorties en montagne une fois par mois, avec le Mont Rose en juin 2022 et une ascension du Kilimandjaro initialement prévue en septembre 2022.

Ayant dû reporter ce projet à février 2023, j'ai repris l'entraînement trois mois avant mon départ car je comptais aussi sur mes acquis. Et tout s'est très bien passé avec un excellent cardio sur place, pas de fatigue ni essoufflement durant les montées. Je précise également que je ne fume pas, ce qui est un atout non négligeable dans la gestion du souffle et de l'acclimatation.

Préparation alimentaire

Un mois avant chaque ascension (Mont Blanc et Kilimandjaro), j'ai changé mon alimentation afin d'avoir un corps plus "sain". J'ai supprimé le café que j'ai remplacé par des infusions et j'ai supprimé l'alcool un mois avant la date de départ pour les ascensions : les apéros avec les amis ont continué mais avec des softs ! J'avais lu que le corps doit être dans les meilleures conditions par rapport à l'effort qu'il faudra fournir sur la durée. Aussi ai-je voulu mettre toutes les chances de mon côté.

Préparation mentale

Pour moi, la préparation mentale joue dans la réussite de l'ascension d'un sommet quel qu'il soit. Pour l'ascension du Mont Blanc, j'ai regardé des vidéos qui montraient les passages un peu techniques, tels que le couloir du Goûter, les différents refuges et la route à suivre avec le refuge Vallot.

Pour le Kilimandjaro, j'ai regardé des vidéos montrant le parcours de la voie Lemosho (et le mur de Barranco) pour identifier les passages complexes s'il y en avait. Cette préparation me permet de me projeter et d'imaginer comment cela pourrait être, lorsque j'y serai à mon tour. Avoir déjà vu la difficulté permet de mieux l'appréhender et d'être plus concentrée car je suis consciente des enjeux et des risques. Cela ne signifie pas que j'ai plus de chances que d'autres personnes de réussir, mais cela implique que je sais à peu près à quoi m'attendre et d'être mieux armée dans mon ascension.

J'ai agis de la sorte pour les sommets que j'ai gravis et pas uniquement le Mont Blanc ou le Kilimandjaro. C'est une aide pour moi et je fonctionnerai de la même façon pour mes prochains sommets, dont l'Aconcagua en décembre 2023. Chaque ascension est différente et la préparation pourra être adaptée en fonction de vos objectifs. Mais il est fondamental de ne pas la négliger car elle fait partie intégrante du projet et de la réussite de votre sommet.

Je terminerai ce livre en vous souhaitant une belle Ascension du Kilimandjaro, vivez votre rêve et soyez fier (e) de vous !! Et si vous n'arrivez pas au sommet, ne soyez pas déçus, pensez à tout ce que vous avez accompli. Il y aura peut-être d'autres occasions de revenir, le succès n'était pas encore pour cette fois.

Table des matières

chapitre 1 - Vendredi 3 février 2023 - Le Départ..9

chapitre 2 - Samedi 4 février 2023 - Arrivée en Tanzanie 18

chapitre 3 - Dimanche 5 février 2023 - Vers l'aventure… 16

chapitre 4 - Lundi 6 février 2023 - En route pour Shira Camp 2...............................22

chapitre 5 - Mardi 7 février 2023 - Acclimatation à Lava Tower 26

chapitre 6 -Mercredi 8 février 2023 - A l'assaut du mur de Barranco ! 29

chapitre 7 - Jeudi 9 février 2023 - Dernière journée avant l'Ascension 34

chapitre 8 - Vendredi 10 février 2023 - L'Ascension du Kilimandjaro......................37

chapitre 9 - Samedi 11 février - Fin du trek..41

chapitre 10 - Dimanche 12 & lundi 13 février - Osiligilai et les Maasai....................43

chapitre 11 - Et après le Kilimandjaro, vers quel autre défi ? 50

chapitre 12 - L'histoire du Kilimandjaro & sa géographie 52

chapitre 13 - Comment me suis-je préparée au Kilimandjaro ?................................54